温故 365

刘传铭 / 主编

海南出版社
· 海口 ·

图书在版编目（CIP）数据

温故 / 刘传铭主编 . -- 海口 : 海南出版社 ,
2022.12

ISBN 978-7-5730-0841-1

Ⅰ . ①温… Ⅱ . ①刘… Ⅲ . ①格言 – 汇编 – 中国 ②警
句 – 汇编 – 中国 Ⅳ . ① H136.3

中国版本图书馆 CIP 数据核字 (2022) 第 204836 号

温故

WENGU

作　　者：刘传铭
出 品 人：王景霞
策　　划：彭明哲
责任编辑：姜　嫚
执行编辑：车　璐
封面设计：任　佳
责任印制：杨　程
印刷装订：北京金康利印刷有限公司
读者服务：唐雪飞
出版发行：海南出版社
总社地址：海口市金盘开发区建设三横路 2 号　　邮编：570216
北京地址：北京市朝阳区黄厂路 3 号院 7 号楼 101 室
电　　话：0898-66812392　010-87336670
电子邮箱：hnbook@263.net
经　　销：全国新华书店经销
版　　次：2022 年 12 月第 1 版
印　　次：2022 年 12 月第 1 次印刷
开　　本：880 mm × 1 230 mm　1/32
印　　张：13
字　　数：140 千
书　　号：ISBN 978-7-5730-0841-1
定　　价：88.00 元

修齐治平事，敢为天下先

“温”是一个优雅而又诗思饱满的汉字，“故”之字义则复杂许多。可一旦二字组词，“故”字便如经历了一场脱胎换骨的洗礼，去掉了本义中陈旧和事故等不吉，湛然嬗变成一颗晶莹珍珠，镶嵌在中华智慧的花冠上熠熠生辉。“温故”又经《论语》中“温故而知新”的加持延伸，遂更加清香如莲，随风溢远，成了中国人血脉中热爱传统，守护灵魂，返本开新的智慧之泉。

《温故》亦书亦简，以笔记本册示人。撷诸子百家之言，掇经史子集之英，无华章弘卷之累，存精雅刻心之学。一日一句，濯修身齐家之性；一读一记，立万世太平之心。辅以二十四节气天地律动，能醒人惜时惜学，知敬知畏，岂非案头枕边良伴？且日读日新，日学日深。所谓，无心之学亦可积跬步以至千里，为道日损方能踏微波以越界河。果若此，则善莫大焉，信不美矣！

壬寅六月大暑挥汗记

公历1月

嘉年

jia nian

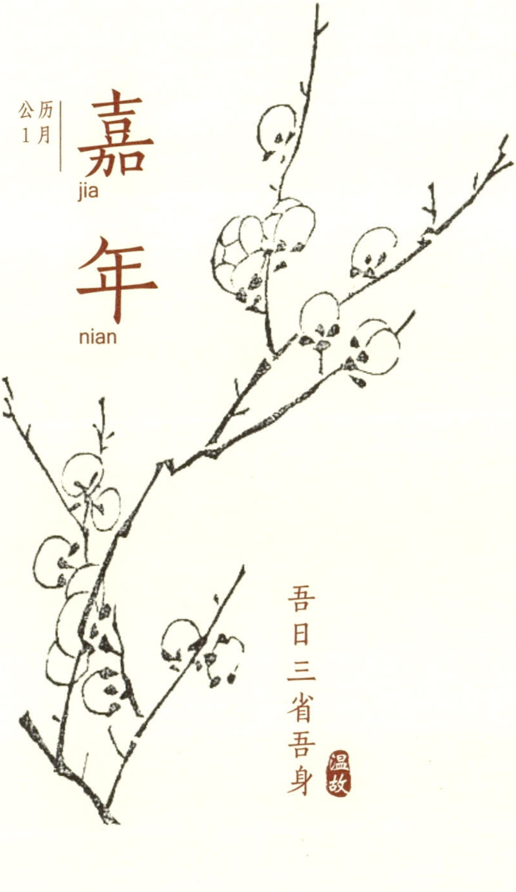

吾日三省吾身

温故

周一 周二 周三 周四 周五 周六 周日

年

月

日

温故

不日新者必日退。

典出〔北宋〕程颢、程颐《二程集·河南程氏遗书·卷第二十五》

温故

取法于上，仅得为中；取法于中，故为其下。

典出〔唐〕李世民《帝范》

___年

___月

___日

__年

__月

__日

温故

人之忠也，犹鱼之有渊。

典出〔三国〕诸葛亮《兵要》

温故

不患位之不尊，而患德之不崇。

典出〔东汉〕张衡《应间》

___年

___月

___日

__年

__月

__日

温故

慧者心辩而不繁说，多力而不伐功，此以名誉扬天下。

典出〔春秋战国之际〕墨子《墨子·修身》

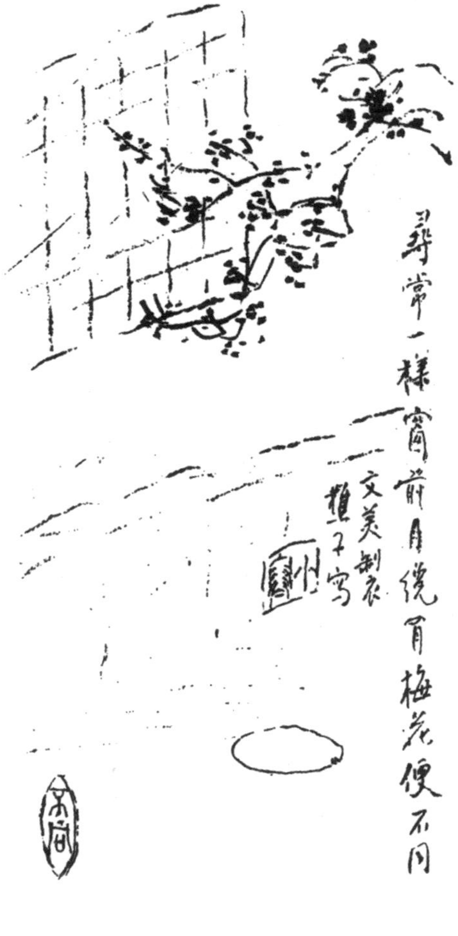
尋常一樣窗前月纔有梅花便不同
文美制衣

周一 周二 周三 周四 周五 周六 周日

__年

__月

__日

温故

静而后能安，安而后能虑，虑而后能得。

典出〔春秋至秦汉〕《礼记·大学》

温故

与人不求备，检身若不及。

典出〔上古时代〕《尚书·伊训》

___年

___月

___日

__年

__月

__日

温故

祸莫大于不知足，咎莫大于欲得。

典出〔春秋〕老子《老子·第四十六章》

温故

从善如登，从恶如崩。

典出〔春秋〕左丘明《国语·周语下》

___年

___月

___日

__年

__月

__日

温故

见善如不及，见不善如探汤。

典出〔春秋战国之际〕《论语·季氏》

温故

见贤思齐焉，见不贤而内自省也。

典出〔春秋战国之际〕《论语·里仁》

___年

___月

___日

__年

__月

__日

温故

观于明镜，则疵瑕不滞于躯；听于直言，则过行不累乎身。

典出〔东汉〕王粲《仿连珠》

温故

同心而共济，终始如一，此君子之朋也。

典出〔北宋〕欧阳修《朋党论》

___年 ___月 ___日

周一 周二 周三 周四 周五 周六 周日

__年

__月

__日

温故

莫见乎隐，莫显乎微，故君子慎其独也。

典出〔春秋至秦汉〕《礼记·中庸》

周一 周二 周三 周四 周五 周六 周日

温故

以势交者，势倾则绝；以利交者，利穷则散。

典出〔隋〕王通《中说·礼乐篇》

年

月

日

__年

__月

__日

温故

功崇惟志，业广惟勤。

典出〔上古时代〕《尚书·周官》

温故

一勤天下无难事。

典出〔清〕钱德苍《解人颐·勤懒歌》

年 月 日

__年

__月

__日

温故

合抱之木，生于毫末；九层之台，起于累土。

典出〔春秋〕老子《老子·第六十四章》

温故

图难于其易，为大于其细。天下难事，必作于易；天下大事，必作于细。

典出〔春秋〕老子《老子·第六十三章》

__年 __月 __日

__年

__月

__日

温故

慎易以避难，敬细以远大。

典出〔战国〕韩非子《韩非子·喻老》

裘暖勝狐白
爐溫等鴿青
文美主人屬
清癡子畫
二十四節

__年

__月

__日

温故

物有甘苦，尝之者识；道有夷险，履之者知。

典出〔明〕刘基《拟连珠》

温故

耳闻之不如目见之，目见之不如足践之。

典出〔西汉〕刘向《说苑·政理》

___年

___月

___日

___年

___月

___日

温故

祸患常积于忽微，而智勇多困于所溺。

典出〔北宋〕欧阳修《新五代史·伶官传第二十五》

温故

善禁者，先禁其身而后人。

典出〔东汉〕荀悦《申鉴·政体》

年 月 日

__年
__月
__日

温故

俭则约，约则百善俱兴；侈则肆，肆则百恶俱纵。

典出〔清〕金缨《格言联璧·持躬》

__年 __月 __日

温故

地位清高，日月每从肩上过；门庭开豁，江山常在掌中看。

典出〔南宋〕朱熹题白云岩书院对联

__年

__月

__日

温故

位卑未敢忘忧国。

典出〔南宋〕陆游《病起书怀》

温故

千磨万击还坚劲，任尔东西南北风。

典出〔清〕郑燮《竹石》

__年
__月
__日

__年

__月

__日

温故

志之所趋，无远勿届，穷山距海，不能限也。
志之所向，无坚不入，锐兵精甲，不能御也。

典出〔清〕金缨《格言联璧·学问》

温故

当官之法，惟有三事，曰清、曰慎、曰勤。

典出〔南宋〕吕本中《官箴》

__年 __月 __日

__年

__月

__日

温故

修其心治其身，而后可以为政于天下。

典出〔北宋〕王安石《洪范传》

公历2月

开 kai 岁 sui

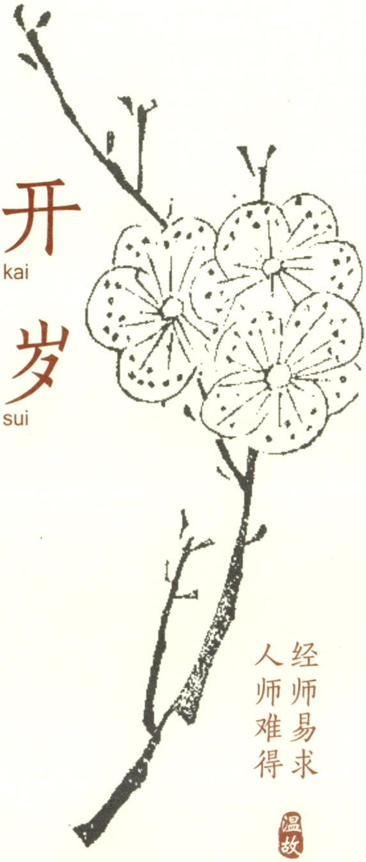

经师易求
人师难得

温故

__年

__月

__日

温故

石可破也，而不可夺坚；丹可磨也，而不可夺赤。

典出〔战国〕吕不韦及门客《吕氏春秋·诚廉》

温故

苟利国家生死以，岂因祸福避趋之？

典出〔清〕林则徐《赴戍登程口占示家人》

年

月

日

周一 周二 周三 周四 周五 周六 周日

__年

__月

__日

温故

天行健，君子以自强不息。

典出〔殷周至秦汉〕《周易·乾卦》

萬象回春
文美主人屬
清
秋雄子寫

__年

__月

__日

温故

富贵不能淫，贫贱不能移，威武不能屈。

典出〔战国〕孟子《孟子·滕文公下》

温故

长风破浪会有时。

典出〔唐〕李白《行路难》

___年
___月
___日

___年
___月
___日

温故

德不孤，必有邻。

典出〔春秋战国之际〕《论语·里仁》

温故

君子义以为质。

典出〔春秋战国之际〕《论语·卫灵公》

__年

__月

__日

__年

__月

__日

温故

言必信，行必果。

典出〔春秋战国之际〕《论语·子路》

温故

与天下同利者，天下持之；擅天下之利者，天下谋之。

典出〔战国至秦汉〕《管子·版法解》

年

月

日

__年

__月

__日

温故

仁义忠信，乐善不倦。

典出〔战国〕孟子《孟子·告子上》

__年

__月

__日

温故

谋先事则昌，事先谋则亡。

典出〔西汉〕刘向《说苑·谈丛》

__年

__月

__日

温故

己欲立而立人，己欲达而达人。

典出〔春秋战国之际〕《论语·雍也》

温故

益者三友，友直、友谅、友多闻。

典出〔春秋战国之际〕《论语·季氏》

__年

__月

__日

__年

__月

__日

温故

不患人之不己知，患不知人也。

典出〔春秋战国之际〕《论语·学而》

温故

人而无信，不知其可也。

典出〔春秋战国之际〕《论语·为政》

____年

____月

____日

周一 周二 周三 周四 周五 周六 周日

__年

__月

__日

温故

士不可以不弘毅，任重而道远。

典出〔春秋战国之际〕《论语·泰伯》

温故

莫道桑榆晚，为霞尚满天。

典出〔唐〕刘禹锡《酬乐天咏老见示》

年

月

日

__年

__月

__日

温故

凡观物有疑，中心不定，则外物不清；吾虑不清，则未可定然否也。

典出〔战国〕荀子《荀子·解蔽》

小樓一夜聽春雨深巷明朝
賣杏花 文美之製

___年

___月

___日

温故

反听之谓聪，内视之谓明，自胜之谓强。

典出〔西汉〕司马迁《史记·商君列传第八》

温故

才者，德之资也；德者，才之帅也。

典出〔北宋〕司马光《资治通鉴·周纪一》

___年

___月

___日

周一 周二 周三 周四 周五 周六 周日

__年

__月

__日

温故

忠信谨慎，此德义之基也；虚无谲诡，此乱道之根也。

典出〔东汉〕王符《潜夫论·务本》

温故

为者常成，行者常至。

典出〔战国至秦〕《晏子春秋·内篇·杂下》

___年

___月

___日

周一　周二　周三　周四　周五　周六　周日

__年

__月

__日

温故

路漫漫其修远兮，吾将上下而求索。

典出〔战国〕屈原《楚辞·离骚》

___年
___月
___日

温故

遇事无难易，而勇于敢为。

典出〔北宋〕欧阳修《尹师鲁墓志铭》

__年

__月

__日

温故

三人行，必有我师焉。择其善者而从之，其不善者而改之。

典出〔春秋战国之际〕《论语·述而》

温故

桃李不言，下自成蹊。

典出〔西汉〕司马迁《史记·李将军列传第四十九》

__年

__月

__日

年
月
日

温故

先立乎其大者，则其小者不能夺也。

典出〔战国〕孟子《孟子·告子上》

温故

新故相推，日生不滞。

典出〔明清之际〕王夫之《尚书引义·太甲二》

___年

___月

___日

__年

__月

__日

温故

时穷节乃见，一一垂丹青。

典出〔南宋〕文天祥《正气歌》

温故

天地英雄气，千秋尚凛然。

典出〔唐〕刘禹锡《蜀先主庙》

年
月
日

__年

__月

__日

温故

靡不有初，鲜克有终。

典出〔春秋〕《诗经·大雅·荡》

公历
3月

花朝
hua zhao

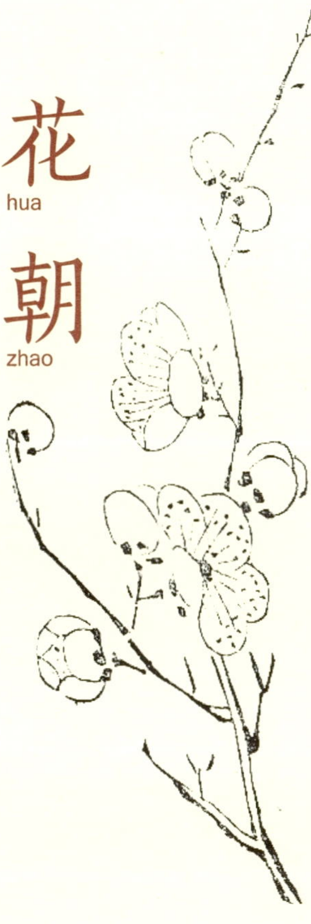

为天下得人者谓之仁

温故

__年

__月

__日

温故

自知者英，自胜者雄。

典出〔隋〕王通《中说·周公篇》

温故

太山之高，背而弗见；秋毫之末，视之可察。

典出〔西汉〕刘安及门客《淮南子·说林训》

___年

___月

___日

__年

__月

__日

温故

褚小者不可以怀大，绠短者不可以汲深。

典出〔战国〕庄子《庄子·至乐》

温故

知行相资以为用。

典出〔明清之际〕王夫之《礼记章句·中庸衍》

___年

___月

___日

__年

__月

__日

温故

见善则迁，有过则改。

典出〔殷周至秦汉〕《周易·益卦》

高门三级浪平地一声雷
文美主人

__年

__月

__日

温故

空谈误国，实干兴邦。

典出〔明末清初〕顾炎武《日知录》

温故

先天下之忧而忧，后天下之乐而乐。

典出〔北宋〕范仲淹《岳阳楼记》

___年

___月

___日

__年 __月 __日

温故

人生自古谁无死，留取丹心照汗青。

典出〔南宋〕文天祥《过零丁洋》

温故

鞠躬尽瘁，死而后已。

典出〔三国〕诸葛亮《后出师表》

年
月
日

__年

__月

__日

温故

大贤秉高鉴，公烛无私光。

典出〔唐〕孟郊《上达奚舍人》

温故

志不立，天下无可成之事。

典出〔明〕王守仁《教条示龙场诸生》

年

月

日

__年 __月 __日

温故

诚既勇兮又以武，终刚强兮不可凌。身既死兮神以灵，魂魄毅兮为鬼雄。

典出〔战国〕屈原《九歌·国殇》

温故

故天将降大任于是人也，必先苦其心志，劳其筋骨，饿其体肤，空乏其身。

典出〔战国〕孟子《孟子·告子下》

年

月

日

__年

__月

__日

温故

繁霜尽是心头血，洒向千峰秋叶丹。

典出〔明〕戚继光《望阙台》

温故

利于国者爱之，害于国者恶之。

典出〔战国至秦〕《晏子春秋·内篇·谏上》

___年

___月

___日

__年

__月

__日

温故

民富国强，众安道泰。

典出〔东汉〕赵晔《吴越春秋·勾践归国外传第八》

温故

不义而富且贵，于我如浮云。

典出〔春秋战国之际〕《论语·述而》

__年

__月

__日

__年

__月

__日

温故

道虽迩，不行不至；事虽小，不为不成。

典出〔战国〕荀子《荀子·修身》

温故

人生万事须自为，跬步江山即寥廓。

典出〔元〕范梈《王氏能远楼》

年

月

日

__年

__月

__日

温故

安危不贰其志，险易不革其心。

典出〔唐〕魏徵《群书治要·昌言》

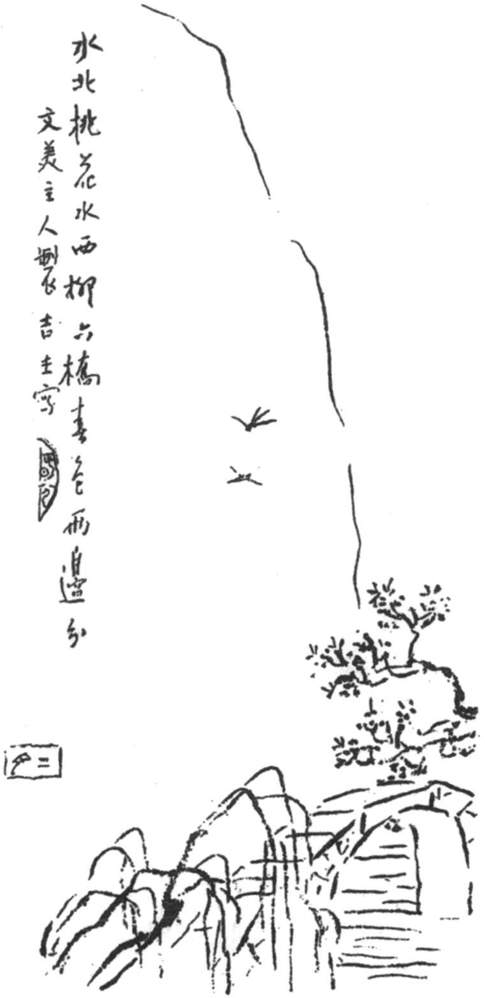
水北桃花水西柳六橋春色兩邊分
文美主人屬吉生寫

___年

___月

___日

温故

登高使人心旷，临流使人意远。

典出〔明〕洪应明《菜根谭》

温故

志高则言洁，志大则辞弘，志远则旨永。

典出〔清〕叶燮《原诗》

__年 __月 __日

__年

__月

__日

温故

人生天地间，长路有险夷。

典出〔金〕元好问《临汾李氏任运堂二首》

温故

志之难也，不在胜人，在自胜。

典出〔战国〕韩非子《韩非子·喻老》

___年

___月

___日

___年

___月

___日

温故

胜非其难也，持之者其难也。

典出〔西汉〕刘安及门客《淮南子·道应训》

温故

不惰者，众善之师也。

典出〔东晋〕葛洪《抱朴子·外篇·广譬》

___年

___月

___日

__年
__月
__日

温故

欲人勿疑，必先自信。

典出〔明〕冯梦龙《东周列国志·第十三回》

温故

诚者，天之道也；思诚者，人之道也。

典出〔战国〕孟子《孟子·离娄上》

年

月

日

___年
___月
___日

温故

君子之过也，如日月之食焉：过也，人皆见之；更也，人皆仰之。

典出〔春秋战国之际〕《论语·子张》

温故

惟以改过为能，不以无过为贵。

典出〔北宋〕司马光《资治通鉴·唐纪四十五》

__年

__月

__日

__年

__月

__日

温故

人患不知其过，既知之，不能改，是无勇也。

典出〔唐〕韩愈《五箴》

公历
4月

莺时

ying shi

苟日新
日日新
又日新

温故

__年

__月

__日

温故

爱子，教之以义方。

典出〔春秋〕左丘明《左传·隐公三年》

温故

慈母手中线，游子身上衣。临行密密缝，意恐迟迟归。谁言寸草心，报得三春晖。

典出〔唐〕孟郊《游子吟》

___年
___月
___日

__年

__月

__日

温故

天下之本在国，国之本在家。

典出〔战国〕孟子《孟子·离娄上》

温故

爱之不以道，适所以害之也。

典出〔北宋〕司马光《资治通鉴·晋纪十八》

___年

___月

___日

借问酒家何处有 牧童遥指杏花村
文美主人
清秋樵子写

温故

积善之家，必有余庆；积不善之家，必有余殃。

典出〔殷周至秦汉〕《周易·坤卦》

年

月

日

__年

__月

__日

温故

吾生也有涯，而知也无涯。

典出〔战国〕庄子《庄子·养生主》

温故

腹有诗书气自华。

典出〔北宋〕苏轼《和董传留别》

__年

__月

__日

__年

__月

__日

温故

昨夜西风凋碧树，独上高楼，望尽天涯路。

典出〔北宋〕晏殊《蝶恋花·槛菊愁烟兰泣露》

温故

衣带渐宽终不悔，为伊消得人憔悴。

典出〔北宋〕柳永《蝶恋花·伫倚危楼风细细》

年
月
日

__年

__月

__日

温故

众里寻他千百度，蓦然回首，那人却在灯火阑珊处。

典出〔南宋〕辛弃疾《青玉案·元夕》

温故

学而不思则罔，思而不学则殆。

典出〔春秋战国之际〕《论语·为政》

___年

___月

___日

__年
__月
__日

温故

知之者不如好之者，好之者不如乐之者。

典出〔春秋战国之际〕《论语·雍也》

温故

文变染乎世情，兴废系乎时序。

典出〔南朝·梁〕刘勰《文心雕龙·时序》

年

月

日

___年

___月

___日

温故

不积跬步，无以至千里；不积小流，无以成江海。

典出〔战国〕荀子《荀子·劝学》

温故

少年辛苦终身事，莫向光阴惰寸功。

典出〔唐〕杜荀鹤《题弟侄书堂》

___年

___月

___日

__年

__月

__日

温故

独学而无友，则孤陋而寡闻。

典出〔春秋至秦汉〕《礼记·学记》

周一 周二 周三 周四 周五 周六 周日

温故

纸上得来终觉浅，绝知此事要躬行。

典出〔南宋〕陆游《冬夜读书示子聿》

___年

___月

___日

周一 周二 周三 周四 周五 周六 周日

__年

__月

__日

温故

博学之，审问之，慎思之，明辨之，笃行之。

典出〔春秋至秦汉〕《礼记·中庸》

温故

学如弓弩，才如箭镞。

典出〔清〕袁枚《续诗品·尚识》

___年

___月

___日

穀雨三朝看牡丹

温故

学所以益才也，砺所以致刃也。

典出〔西汉〕刘向《说苑·建本》

___年
___月
___日

___年

___月

___日

温故

少而好学，如日出之阳；壮而好学，如日中之光；老而好学，如秉烛之明。

典出〔西汉〕刘向《说苑·建本》

温故

水之积也不厚，则其负大舟也无力。

典出〔战国〕庄子《庄子·逍遥游》

___年

___月

___日

__年

__月

__日

温故

昨日是而今日非矣，今日非而后日又是矣。

典出〔明〕李贽《藏书·世纪列传总目前论》

温故

工欲善其事，必先利其器。

典出〔春秋战国之际〕《论语·卫灵公》

__年
__月
__日

__年

__月

__日

温故

凡益之道，与时偕行。

典出〔殷周至秦汉〕《周易·益卦》

温故

是虽常是，有时而不用；非虽常非，有时而必行。

典出〔战国〕尹文子《尹文子·大道上》

年

月

日

__年 __月 __日

温故

莫言下岭便无难，赚得行人错喜欢。正入万山圈子里，一山放出一山拦。

典出〔南宋〕杨万里《过松源晨炊漆公店》

温故

见骥一毛，不知其状；见画一色，不知其美。

典出〔战国〕尸佼《尸子》

年

月

日

__年

__月

__日

温故

不识庐山真面目，只缘身在此山中。

典出〔北宋〕苏轼《题西林壁》

温故

随时以举事，因资而立功，用万物之能而获利其上。

典出〔战国〕韩非子《韩非子·喻老》

年

月

日

__年

__月

__日

温故

视而使之明，听而使之聪，思而使之正。

典出〔北宋〕王安石《老子注》

公历5月

清和

qing he

君子检身
常若有过

温故

__年

__月

__日

温故

善学者尽其理，善行者究其难。

典出〔战国〕荀子《荀子·大略》

温故

不闻不若闻之，闻之不若见之，见之不若知之，知之不若行之。

典出〔战国〕荀子《荀子·儒效》

___年
___月
___日

___年

___月

___日

温故

看似寻常最奇崛，成如容易却艰辛。

典出〔北宋〕王安石《题张司业诗》

温故

涉浅水者见虾，其颇深者察鱼鳖，其尤甚者观蛟龙。

典出〔东汉〕王充《论衡·别通》

___年

___月

___日

___年 ___月 ___日

温故

师者，所以传道授业解惑也。

典出〔唐〕韩愈《师说》

青梅朱樱江南饯春
文美主人

__年

__月

__日

温故

博观而约取，厚积而薄发。

典出〔北宋〕苏轼《稼说·送张琥》

温故

为之不厌，诲人不倦。

典出〔春秋战国之际〕《论语·述而》

年 月 日

__年

__月

__日

温故

师也者，教之以事而喻诸德者也。

典出〔春秋至秦汉〕《礼记·文王世子》

温故

为学之道，必本于思。

典出〔北宋〕程颢、程颐《二程遗书·伊川先生语》

__年

__月

__日

__年

__月

__日

温故

不深思则不能造于道，不深思而得者，其得易失。

典出〔北宋〕程颢、程颐《二程遗书·伊川先生语》

温故

人才有高下，知物由学。

典出〔东汉〕王充《论衡·实知》

___年

___月

___日

__年 __月 __日

温故

凡贵通者，贵其能用之也。

典出〔东汉〕王充《论衡·超奇》

温故

变化者，乃天地之自然。

典出〔东晋〕葛洪《抱朴子·内篇·黄白》

___年

___月

___日

__年

__月

__日

温故

名非天造，必从其实。

典出〔明清之际〕王夫之《思问录·外篇》

温故

登泰山而览群岳，则冈峦之本末可知也。

典出〔唐〕王勃《八卦大演论》

___年

___月

___日

年 月 日

温故

情者文之经，辞者理之纬；经正而后纬成，理定而后辞畅。此立文之本源也。

典出〔南朝·梁〕刘勰《文心雕龙·情采》

温故

盲人骑瞎马，夜半临深池。

典出〔南朝·宋〕刘义庆《世说新语·排调》

___年

___月

___日

__年

__月

__日

温故

笼天地于形内，挫万物于笔端。

典出〔西晋〕陆机《文赋》

温故

观古今于须臾，抚四海于一瞬。

典出〔西晋〕陆机《文赋》

年 月 日

___年

___月

___日

温故

身之主宰便是心。

典出〔明〕王守仁《传习录》

水滿有時觀下鷺
草深無處不鳴蛙
樵子寫

__年

__月

__日

温故

大学之道，在明明德，在亲民，在止于至善。

典出〔春秋至秦汉〕《礼记·大学》

温故

积土而为山，积水而为海。

典出〔战国〕荀子《荀子·儒效》

___年

___月

___日

__年
__月
__日

温故

力，形之所以奋也。

典出〔战国〕墨子及弟子《墨经》

温故

亦余心之所善兮，虽九死其犹未悔。

典出〔战国〕屈原《楚辞·离骚》

___年

___月

___日

__年

__月

__日

温故

凿井者，起于三寸之坎，以就万仞之深。

典出〔北朝·北齐〕刘昼《刘子·崇学》

温故

后生可畏，焉知来者之不如今也？

典出〔春秋战国之际〕《论语·子罕》

___年

___月

___日

__年

__月

__日

温故

文者，贯道之器也。

典出〔唐〕李汉《〈昌黎先生集〉序》

温故

立文之道，惟字与义。

典出〔南朝·梁〕刘勰《文心雕龙·指瑕》

___年 ___月 ___日

__年 __月 __日

温故

理辩则气直，气直则辞盛，辞盛则文工。

典出〔唐〕李翱《答朱载言书》

温故

收百世之阙文，采千载之遗韵。

典出〔西晋〕陆机《文赋》

年
月
日

__年

__月

__日

温故

为世用者，百篇无害；不为用者，一章无补。

典出〔东汉〕王充《论衡·自纪》

公历6月

皋月

gao yue

诚信者
天下之结也

温故

__年

__月

__日

温故

大鹏一日同风起，扶摇直上九万里。

典出〔唐〕李白《上李邕》

温故

才者，材也，养之贵素，使之贵器。

典出〔明〕张居正《论时政疏》

年 月 日

__年

__月

__日

温故

蒙以养正，圣功也。

典出〔殷周至秦汉〕《周易·蒙卦》

温故

为学须先立志。志既立，则学问可次第着力。立志不定，终不济事。

典出〔南宋〕朱熹《朱子语类》

___年 ___月 ___日

___年

___月

___日

温故

政者，正也。

典出〔春秋战国之际〕《论语·颜渊》

江村四月闲人少过了蚕桑又種田
文美制衣 稚子

__年

__月

__日

温故

其身正，不令而行；其身不正，虽令不从。

典出〔春秋战国之际〕《论语·子路》

温故

为国不可以生事，亦不可以畏事。

典出〔北宋〕苏轼《因擒鬼章论西羌夏人事宜札子》

___年

___月

___日

__年
__月
__日

温故

安而不忘危，存而不忘亡，治而不忘乱。

典出〔殷周至秦汉〕《周易·系辞》

温故

天下之患，最不可为者，名为治平无事，而其实有不测之忧。坐观其变而不为之所，则恐至于不可救。

典出〔北宋〕苏轼《晁错论》

__年 __月 __日

___年 ___月 ___日

温故

治国犹如栽树，本根不摇则枝叶茂荣。

典出〔唐〕吴兢《贞观政要·卷一·政体第二》

温故

以实则治，以文则不治。

典出〔清〕唐甄《潜书·权实》

__年

__月

__日

__年

__月

__日

温故

为之于未有，治之于未乱。

典出〔春秋〕老子《老子·第六十四章》

温故

政如农功，日夜思之。

典出〔春秋〕左丘明《左传·襄公二十五年》

___年

___月

___日

__年

__月

__日

温故

政令时，则百姓一，贤良服。

典出〔战国〕荀子《荀子·王制》

温故

以天下之目视，则无不见也；以天下之耳听，则无不闻也；以天下之心虑，则无不知也。

典出〔战国至秦汉〕《管子·九守》

___年 ___月 ___日

___年

___月

___日

温故

审度时宜，虑定而动，天下无不可为之事。

典出〔明〕张居正《答宣大巡抚吴环洲策黄酋》

温故

为政以德，譬如北辰，居其所而众星拱之。

典出〔春秋战国之际〕《论语·为政》

年

月

日

__年 __月 __日

温故

一心可以丧邦，一心可以兴邦，只在公私之间尔。

典出〔北宋〕程颢、程颐《二程集·河南程氏遗书·卷第十一》

温故

不受虚言，不听浮术，不采华名，不兴伪事。

典出〔东汉〕荀悦《申鉴·俗嫌》

___年

___月

___日

__年 __月 __日

温故

宰相必起于州部，猛将必发于卒伍。

典出〔战国〕韩非子《韩非子·显学》

温故

盖有非常之功，必待非常之人。

典出〔东汉〕班固《汉书·武帝纪第六》

__年

__月

__日

午瑞圖
夏至雖逢端午日 文美博製

温故

思皇多士，生此王国。王国克生，维周之桢；济济多士，文王以宁。

典出〔春秋〕《诗经·大雅·文王》

___年
___月
___日

__年

__月

__日

温故

千人之诺诺，不如一士之谔谔。

典出〔西汉〕司马迁《史记·商君列传第八》

温故

不知人之短，不知人之长，不知人长中之短，不知人短中之长，则不可以用人，不可以教人。

典出〔清〕魏源《默觚·治篇七》

年

月

日

__年
__月
__日

温故

我劝天公重抖擞，不拘一格降人才。

典出〔清〕龚自珍《己亥杂诗》

温故

骏马能历险，力田不如牛。坚车能载重，渡河不如舟。

典出〔清〕顾嗣协《杂兴》

年 月 日

__年

__月

__日

温故

奢靡之始，危亡之渐。

典出〔北宋〕欧阳修、宋祁等《新唐书·列传第三十·褚遂良》

温故

历览前贤国与家，成由勤俭破由奢。

典出〔唐〕李商隐《咏史》

年 月 日

周一　周二　周三　周四　周五　周六　周日

___年

___月

___日

温故

诚欲正朝廷以正百官，当以激浊扬清为第一要义。

典出〔明末清初〕顾炎武《与公肃甥书》

温故

禁微则易，救末者难。

典出〔南朝·宋〕范晔《后汉书·桓荣丁鸿列传第二十七》

年 月 日

__年
__月
__日

温故

穷则变，变则通，通则久。

典出〔殷周至秦汉〕《周易·系辞》

公历7月

季夏

ji xia

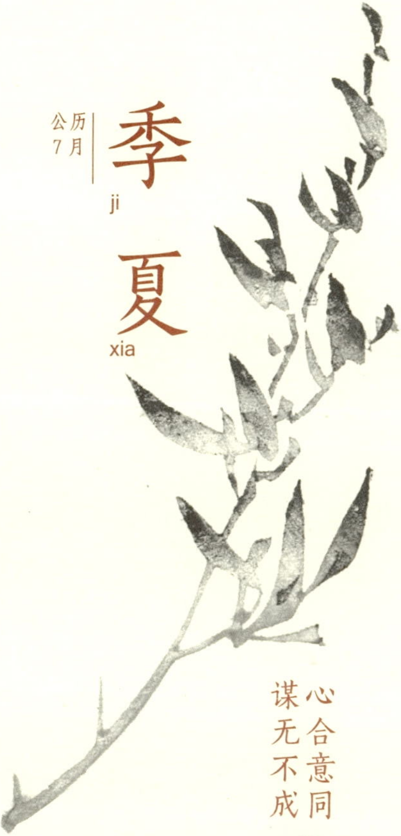

心合意同
谋无不成

温故

__年 __月 __日

温故

国无常强，无常弱。奉法者强则国强，奉法者弱则国弱。

典出〔战国〕韩非子《韩非子·有度》

温故

立善法于天下，则天下治；立善法于一国，则一国治。

典出〔北宋〕王安石《周公》

___年 ___月 ___日

__年

__月

__日

温故

道私者乱，道法者治。

典出〔战国〕韩非子《韩非子·诡使》

温故

天下之事，不难于立法，而难于法之必行。

典出〔明〕张居正《请稽查章奏随事考成以修实政疏》

___年

___月

___日

__年 __月 __日

温故

法令既行，纪律自正，则无不治之国，无不化之民。

典出〔北宋〕包拯《上殿札子》

温故

治国者，圆不失规，方不失矩，本不失末，为政不失其道，万事可成，其功可保。

典出〔三国〕诸葛亮《便宜十六策·治乱》

年 月 日

接天蓮葉無窮碧
映日荷花別樣紅

温故

法立，有犯而必施；令出，唯行而不返。

典出〔唐〕王勃《上刘右相书》

年

月

日

__年
__月
__日

温故

泾溪石险人兢慎，终岁不闻倾覆人。却是平流无石处，时时闻说有沉沦。

典出〔唐〕杜荀鹤《泾溪》

温故

多言数穷，不如守中。

典出〔春秋〕老子《老子·第五章》

年

月

日

__年

__月

__日

温故

兵无常势，水无常形。

典出〔春秋〕孙武《孙子兵法·虚实第六》

温故

不谋全局者，不足谋一域。

典出〔清〕陈澹然《寤言·迁都建藩议》

___年

___月

___日

周一 周二 周三 周四 周五 周六 周日

__年

__月

__日

温故

公生明，廉生威。

典出〔明〕年富《官箴》刻石

温故

民齐者强。

典出〔战国〕荀子《荀子·议兵》

___年

___月

___日

__年

__月

__日

温故

备豫不虞，为国常道。

典出〔唐〕吴兢《贞观政要·卷二·直谏（附）》

温故

修其教不易其俗，齐其政不易其宜。

典出〔春秋至秦汉〕《礼记·王制》

年 月 日

__年

__月

__日

温故

万物各得其和以生，各得其养以成。

典出〔战国〕荀子《荀子·天论》

温故

知其事而不度其时则败。

典出〔唐〕陆贽《论缘边守备事宜状》

___年

___月

___日

__年

__月

__日

温故

常制不可以待变化，一途不可以应无方，刻船不可以索遗剑。

典出〔东晋〕葛洪《抱朴子·外篇·广譬》

温故

穷理者，欲知事物之所以然，与其所当然者而已。

典出〔南宋〕朱熹《答或人》

__年

__月

__日

周一 周二 周三 周四 周五 周六 周日

__年

__月

__日

温故

是非疑，则度之以远事，验之以近物。

典出〔战国〕荀子《荀子·大略》

温故

不患寡而患不均，不患贫而患不安。

典出〔春秋战国之际〕《论语·季氏》

___年
___月
___日

周一 周二 周三 周四 周五 周六 周日

__年

__月

__日

温故

圣人之处国者，必于不倾之地，而择地形之肥饶者。乡山，左右经水若泽。

典出〔战国至秦汉〕《管子·度地》

手倦抛書午夢長
文美制衣 樵子寫

___年

___月

___日

温故

虑善以动，动惟厥时。

典出〔上古时代〕《尚书·说命》

温故

孤举者难起，众行者易趋。

典出〔清〕魏源《默觚·治篇八》

年

月

日

__年

__月

__日

温故

国将兴，必贵师而重傅；贵师而重傅，则法度存。

典出〔战国〕荀子《荀子·大略》

温故

夫道不欲杂，杂则多，多则扰，扰则忧，忧而不救。

典出〔战国〕庄子《庄子·人间世》

___年

___月

___日

温故

立天下之正位，行天下之大道。

典出〔战国〕孟子《孟子·滕文公下》

年
月
日

温故

和羹之美，在于合异。

典出〔西晋〕陈寿《三国志·魏书·夏侯玄传》

__年

__月

__日

温故

国虽大，好战必亡。

典出〔春秋〕《司马法·仁本》

温故

海内存知己，天涯若比邻。

典出〔唐〕王勃《杜少府之任蜀州》

年

月

日

__年

__月

__日

温故

志合者，不以山海为远。

典出〔东晋〕葛洪《抱朴子·外篇·博喻》

公历8月

流火

liu huo

善莫大于作忠

温故

__年

__月

__日

温故

落其实思其树，饮其流怀其源。

典出〔北朝·北周〕庾信《徵调曲》

温故

有朋自远方来，不亦乐乎。

典出〔春秋战国之际〕《论语·学而》

年

月

日

__年

__月

__日

温故

亲仁善邻，国之宝也。

典出〔春秋〕左丘明《左传·隐公六年》

温故

日月不同光，昼夜各有宜。

典出〔唐〕孟郊《答姚怤见寄》

年 月 日

__年

__月

__日

温故

礼之用，和为贵。

典出〔春秋战国之际〕《论语·学而》

温故

得其大者可以兼其小。

典出〔北宋〕欧阳修《易或问》

年

月

日

__年

__月

__日

温故

以至诚为道，以至仁为德。

典出〔北宋〕苏轼《上初即位论治道二首·道德》

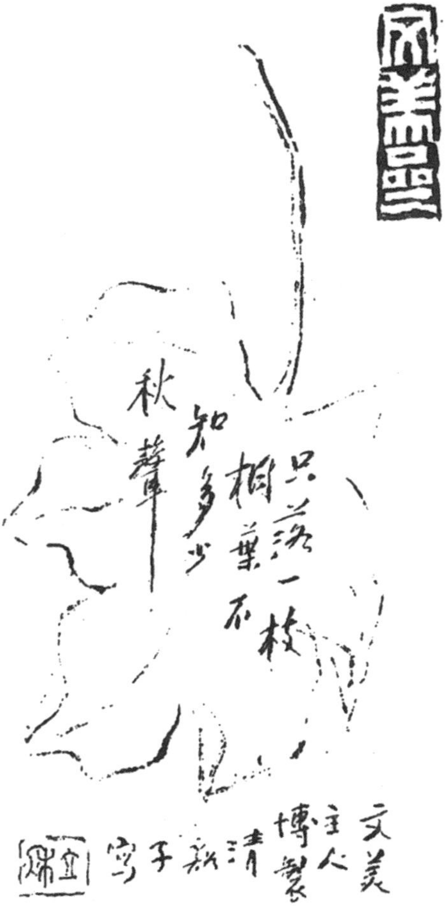

只落一枝
梧葉不
知多少
秋聲
文美
主人
博製
清新子寫

__年

__月

__日

温故

纪纲一废，何事不生？

典出〔北宋〕苏轼《上神宗皇帝书》

温故

新松恨不高千尺，恶竹应须斩万竿。

典出〔唐〕杜甫《将赴成都草堂途中有作，先寄严郑公五首》

年

月

日

__年

__月

__日

温故

吏不廉平，则治道衰。

典出〔东汉〕班固《汉书·宣帝纪第八》

温故

欲知平直，则必准绳；欲知方圆，则必规矩。

典出〔战国〕吕不韦及门客《吕氏春秋·自知》

年

月

日

___年

___月

___日

温故

莫用三爷，废职亡家。

典出〔清〕汪辉祖《学治臆说·至亲不可用事》

周一 周二 周三 周四 周五 周六 周日

温故

善除害者察其本，善理疾者绝其源。

典出〔唐〕白居易《策林·兴五福销六极》

年

月

日

周一 周二 周三 周四 周五 周六 周日

__年

__月

__日

温故

群臣朋党，则宜有内乱。

典出〔战国至秦汉〕《管子·参患》

温故

有功必赏，有罪必罚，则为善者日进，为恶者日止。

典出〔北宋〕司马光《资治通鉴·陈纪三》

___年

___月

___日

___年

___月

___日

温故

不矜细行，终累大德。

典出〔上古时代〕《尚书·旅獒》

温故

浇风易渐，淳化难归。

典出〔唐〕王勃《上刘右相书》

__年

__月

__日

__年

__月

__日

温故

法与时转则治，治与世宜则有功。

典出〔战国〕韩非子《韩非子·心度》

温故

法者，治之端也。

典出〔战国〕荀子《荀子·君道》

___年

___月

___日

__年

__月

__日

温故

法之不行，自于贵戚。

典出〔西汉〕司马迁《史记·秦本纪第五》

温故

法令行则国治，法令弛则国乱。

典出〔东汉〕王符《潜夫论·述赦》

__年

__月

__日

__年

__月

__日

温故

杀人者死，伤人及盗抵罪。

典出〔西汉〕司马迁《史记·高祖本纪第八》

雲来樹收暑
雨過土生香
文美

__年

__月

__日

温故

有道以统之，法虽少，足以化矣；无道以行之，法虽众，足以乱矣。

典出〔西汉〕刘安及门客《淮南子·泰族训》

温故

为国也，观俗立法则治，察国事本则宜。不观时俗，不察国本，则其法立而民乱，事剧而功寡。

典出〔战国〕商鞅及其后学《商君书·算地》

__年

__月

__日

温故

甘瓜抱苦蒂，美枣生荆棘。

典出〔汉〕无名氏《古诗》

温故

聪者听于无声，明者见于未形。

典出〔东汉〕班固《汉书·蒯伍江息夫传第十五》

年

月

日

__年
__月
__日

温故

理者，物之固然，事之所以然也。

典出〔明清之际〕王夫之《张子正蒙注·至当》

温故

善治病者，必医其受病之处；善救弊者，必塞其起弊之原。

典出〔北宋〕欧阳修《准诏言事上书》

___年

___月

___日

__年
__月
__日

温故

事不凝滞，理贵变通。

典出〔元〕脱脱 等《宋史·列传第十五·赵普》

温故

秉纲而目自张，执本而末自从。

典出〔西晋〕傅玄《傅子》

年
月
日

__年

__月

__日

温故

操其要于上，而分其详于下。

典出〔南宋〕陈亮《中兴五论·论执要之道》

公历9月

秋高

qiu gao

人最为天下贵

温故

__年

__月

__日

温故

事必有法，然后可成。

典出〔南宋〕朱熹《孟子集注》

温故

疑今者，察之古；不知来者，视之往。

典出〔战国至秦汉〕《管子·形势》

___年

___月

___日

__年

__月

__日

温故

其作始也简，其将毕也必巨。

典出〔战国〕庄子《庄子·人间世》

温故

明镜所以照形，古事所以知今。

典出〔西晋〕陈寿《三国志·吴书·吴主五子传》

__年

__月

__日

__年

__月

__日

温故

度之往事，验之来事，参之平素，可则决之。

典出〔战国〕《鬼谷子·决篇》

温故

得道者多助，失道者寡助。

典出〔战国〕孟子《孟子·公孙丑下》

__年 __月 __日

___年

___月

___日

温故

山明水净夜来霜，数树深红出浅黄。

典出〔唐〕刘禹锡《秋词二首》

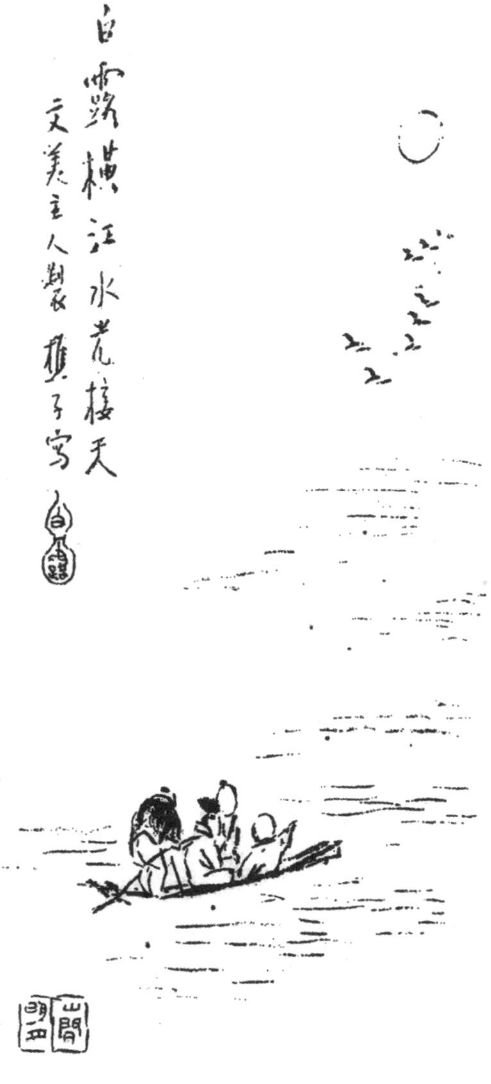
白露横江水光接天
文美主人製
白露
山間明月

___年

___月

___日

温故

风翻白浪花千片，雁点青天字一行。

典出〔唐〕白居易《江楼晚眺，景物鲜奇，吟玩成篇，寄水部张员外》

温故

凡用人之道，采之欲博，辨之欲精，使之欲适，任之欲专。

典出〔北宋〕司马光《稽古录·卷十六》

___年

___月

___日

__年

__月

__日

温故

国不以利为利，以义为利也。

典出〔春秋至秦汉〕《礼记·大学》

温故

周虽旧邦，其命维新。

典出〔春秋〕《诗经·大雅·文王》

年

月

日

___年

___月

___日

温故

顺天时，量地利，则用力少而成功多。

典出〔北朝·北魏〕贾思勰《齐民要术》

温故

天行有常。
应之以治则吉。

典出〔战国〕荀子《荀子·天论》

年
月
日

__年
__月
__日

温故

取之有度，用之有节。

典出〔北宋〕司马光《资治通鉴·唐纪五十》

周一 周二 周三 周四 周五 周六 周日

温故

老吾老以及人之老，幼吾幼以及人之幼。

典出〔战国〕孟子《孟子·梁惠王上》

年

月

日

年 月 日

温故

事者，生于虑，成于务，失于傲。

典出〔战国至秦汉〕《管子·乘马》

温故

泰山不让土壤，故能成其大；河海不择细流，故能就其深。

典出〔秦〕李斯《谏逐客书》

___年
___月
___日

__年

__月

__日

温故

合天下之众者财，理天下之财者法。

典出〔北宋〕王安石《度支副使厅壁题名记》

温故

取之有制、用之有节则裕，取之无制、用之不节则乏。

典出〔明〕张居正《论时政疏》

___年

___月

___日

__年

__月

__日

温故

史者，所以明夫治天下之道也。

典出〔北宋〕曾巩《南齐书目录序》

周一 周二 周三 周四 周五 周六 周日

温故

治国常富，而乱国常贫。

典出〔战国至秦汉〕《管子·治国》

__年

__月

__日

__年

__月

__日

温故

致广大而尽精微。

典出〔春秋至秦汉〕《礼记·中庸》

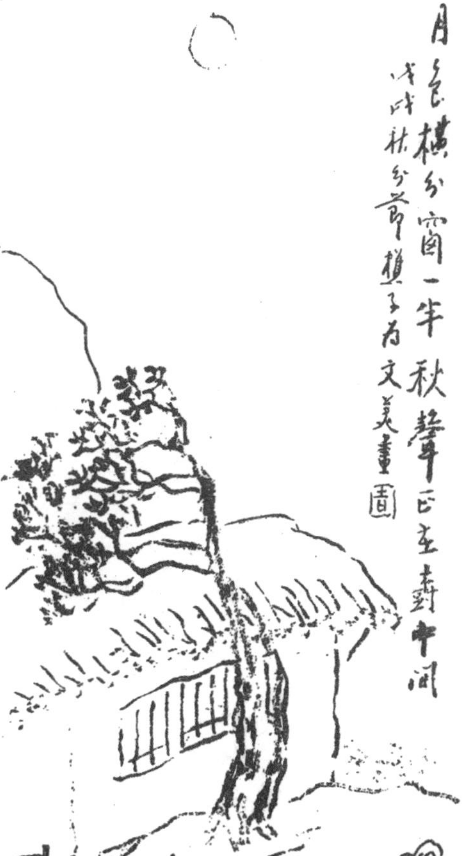
月色横分窗一半秋聲正在樹中間
戊戌秋分節楨子為文英畫圖

__年

__月

__日

温故

天下之势不盛则衰，天下之治不进则退。

典出〔南宋〕吕祖谦《东莱博议·葵丘之会》

温故

正其末者端其本，善其后者慎其先。

典出〔西晋〕潘岳《藉田赋》

年

月

日

年

月

日

温故

见出以知入，观往以知来。

典出〔战国〕列子《列子·说符》

温故

非尽百家之美，不能成一人之奇。

典出〔元〕刘开《与阮芸台宫保论文书》

__年

__月

__日

__年 __月 __日

温故

青山一道同云雨，明月何曾是两乡。

典出〔唐〕王昌龄《送柴侍御》

温故

众力并，则万钧不足举也。

典出〔东晋〕葛洪《抱朴子·务正》

___年

___月

___日

__年

__月

__日

温故

功以才成，业由才广。

典出〔东晋〕习凿齿《襄阳耆旧记》

温故

虽有智慧，不如乘势。

典出〔战国〕孟子《孟子·公孙丑上》

___年

___月

___日

__年

__月

__日

温故

壹引其纲，万目皆张。

典出〔战国〕吕不韦及门客《吕氏春秋·用民》

公历
10月

霜 序

shuang xu

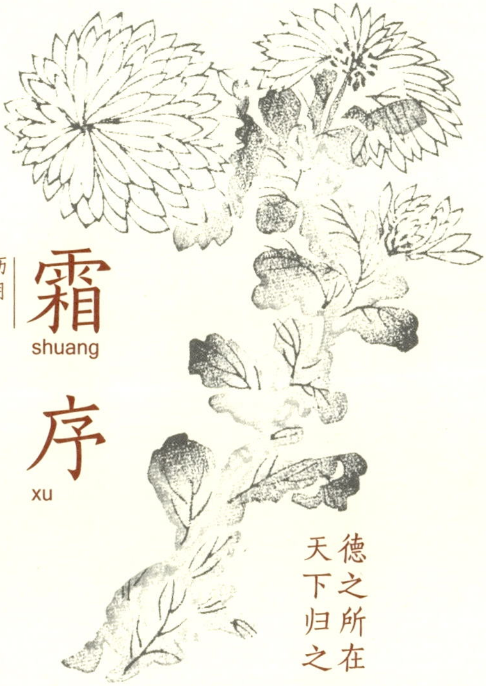

德之所在
天下归之

温故

__年 __月 __日

温故

积力之所举，则无不胜也；众智之所为，则无不成也。

典出〔西汉〕刘安及门客《淮南子·主术训》

温故

敬教劝学，建国之大本；兴贤育才，为政之先务。

典出〔明〕朱舜水《朱舜水集·劝兴》

__年 __月 __日

__年

__月

__日

温故

如身使臂，如臂使指。

典出〔西汉〕贾谊《治安策》

温故

贤良之士众，则国家之治厚；贤良之士寡，则国家之治薄。

典出〔春秋战国之际〕墨子《墨子·尚贤上》

___年

___月

___日

__年
__月
__日

温故

善为政者，弊则补之，决则塞之。

典出〔西汉〕桓宽《盐铁论·申韩第五十六》

温故

经国序民，正其制度。

典出〔东汉〕荀悦《前汉纪·孝武皇帝纪一》

___年

___月

___日

___年

___月

___日

温故

纵有良法美意，非其人而行之，反成弊政。

典出〔明〕胡居仁《居业录》

温故

欲筑室者，先治其基。

典出〔北宋〕苏辙《新论》

___年

___月

___日

香霧雲鬟濕清輝玉臂寒
文美主人

温故

出乎史，入乎道。欲知大道，必先为史。

典出〔清〕龚自珍《尊史》)

年
月
日

__年 __月 __日

温故

天下不能常治，有弊所当革也；犹人身不能常安，有疾所当治也。

典出〔南宋〕何坦《西畴老人常言》

温故

治其本，朝令而夕从；救其末，百世不改也。

典出〔北宋〕苏轼《关陇游民私铸钱与江淮漕卒为盗之由》

___年

___月

___日

__年

__月

__日

温故

于安思危，于治忧乱。

典出〔清〕魏源《默觚·学篇七》

温故

谋度于义者必得，事因于民者必成。

典出〔战国至秦〕《晏子春秋·内篇·问上》

__年

__月

__日

__年

__月

__日

温故

人视水见形，视民知治不。

典出〔西汉〕司马迁《史记·殷本纪第三》

周一　周二　周三　周四　周五　周六　周日

温故

但愿苍生俱饱暖，不辞辛苦出山林。

典出〔明〕于谦《咏煤炭》

___年

___月

___日

__年
__月
__日

温故

衙斋卧听萧萧竹，疑是民间疾苦声。些小吾曹州县吏，一枝一叶总关情。

典出〔清〕郑燮《潍县署中画竹呈年伯包大中丞括》

温故

政之所兴在顺民心，政之所废在逆民心。

典出〔战国至秦汉〕《管子·牧民》

年 月 日

年

月

日

温故

乐民之乐者，民亦乐其乐；忧民之忧者，民亦忧其忧。

典出〔战国〕孟子《孟子·梁惠王下》

温故

去民之患，如除腹心之疾。

典出〔北宋〕苏辙《上皇帝书》

年

月

日

__年

__月

__日

温故

安得广厦千万间，大庇天下寒士俱欢颜。

典出〔唐〕杜甫《茅屋为秋风所破歌》

温故

利民之事，丝发必兴；厉民之事，毫末必去。

典出〔清〕万斯大《周官辨非·天官》

年 月 日

__年

__月

__日

温故

邦之兴，由得人也；邦之亡，由失人也。得其人，失其人，非一朝一夕之故，其所由来者渐矣。

典出〔唐〕白居易《策林·辨兴亡之由》

温故

浩渺行无极，扬帆但信风。

典出〔唐〕尚颜《送朴山人归新罗》

年

月

日

停車坐愛楓林晚霜葉紅于二月花

温故

一花独放不是春，百花齐放春满园。

典出〔明清〕《古今贤文》

年 月 日

__年

__月

__日

温故

物之不齐，物之情也。

典出〔战国〕孟子《孟子·滕文公上》

温故

若以水济水，谁能食之？若琴瑟之专壹，谁能听之？

典出〔春秋〕左丘明《左传·昭公二十年》

___年 ___月 ___日

__年

__月

__日

温故

万物并育而不相害，道并行而不相悖。

典出〔春秋至秦汉〕《礼记·中庸》

温故

已所不欲，勿施于人。

典出〔春秋战国之际〕《论语·卫灵公》

__年

__月

__日

__年

__月

__日

温故

既以为人，己愈有；既以与人，己愈多。

典出〔春秋〕老子《老子·第八十一章》

温故

橘生淮南则为橘，生于淮北则为枳，叶徒相似，其实味不同。所以然者何？水土异也。

典出〔战国至秦〕《晏子春秋·内篇·杂下》

年 月 日

__年

__月

__日

温故

山积而高，泽积而长。

典出〔唐〕刘禹锡《唐故监察御史赠尚书右仆射王公神道碑》

公历
11月

始
shi

冰
bing

前事不忘
后事之师

温故

__年

__月

__日

温故

为官避事平生耻。

典出〔清〕曾国藩《治心经·诚心篇》

温故

非淡泊无以明志，非宁静无以致远。

典出〔西汉〕刘安及门客《淮南子·主术训》

___年

___月

___日

__年

__月

__日

温故

天下事未尝不败于专而成于共。

典出〔北宋〕司马光《张共字大成序》

温故

大厦之成，非一木之材也；大海之阔，非一流之归也。

典出〔明〕冯梦龙《东周列国志·第十六回》

___年 ___月 ___日

___年

___月

___日

温故

物必先腐，而后虫生。

典出〔北宋〕苏轼《范增论》

温故

人之相知，贵在知心。

典出〔西汉〕李陵《答苏武书》

___年

___月

___日

__年

__月

__日

温故

行生于己，名生于人。

典出〔先秦〕《逸周书·谥法解》

命僕安排新暖閣呼童熨貼舊寒衣
文美主人監製衣
推子
山寫

周一 周二 周三 周四 周五 周六 周日

__年

__月

__日

温故

不要人夸颜色好，只留清气满乾坤。

典出〔元〕王冕《墨梅四首》

温故

行百里者半九十。

典出〔战国至秦汉〕《战国策·秦策五》

年

月

日

__年

__月

__日

温故

为天地立心、为生民立命、为往圣继绝学、为万世开太平。

典出〔北宋〕张载《张子语录》

温故

修身齐家治国平天下。

典出〔春秋至秦汉〕《礼记·大学》

___年

___月

___日

__年

__月

__日

温故

学者非必为仕，而仕者必为学。

典出〔战国〕荀子《荀子·大略》

___年 ___月 ___日

温故

睫在眼前犹不见。

典出〔唐〕杜牧《登池州九峰楼寄张祜》

__年

__月

__日

温故

审大小而图之，酌缓急而布之；连上下而通之，衡内外而施之。

典出〔明〕冯梦龙《东周列国志·第二十六回》

温故

为政之要，莫先于用人。

典出〔北宋〕司马光《资治通鉴·魏纪五》

___年

___月

___日

__年

__月

__日

温故

大道之行，天下为公。

典出〔春秋至秦汉〕《礼记·礼运》

温故

单则易折，众则难摧。

典出〔北朝·北齐〕魏收《魏书·吐谷浑列传》

___年

___月

___日

___年

___月

___日

温故

积力之所举，则无不胜也；众智之所为，则无不成也。

典出〔战国〕文子《文子·下德》

温故

量腹而受，量身而衣。

典出〔春秋战国之际〕墨子《墨子·鲁问》

___年

___月

___日

__年

__月

__日

温故

交得其道，千里同好，固于胶漆，坚于金石。

典出〔三国〕谯周《谯子法训·齐交》

周一 周二 周三 周四 周五 周六 周日

温故

治事必需通观全局，不可执一而论。

典出〔清〕钱泳《履园丛话·水学·三江》

年

月

日

__年

__月

__日

温故

诛一恶而众恶惧。

典出〔三国〕陆景《典语》

雪飛六出預兆年豐
文美制衣
楨子写

__年

__月

__日

温故

人心似铁，官法如炉。

典出〔元〕白朴《裴少俊墙头马上》

温故

独阴不成，独阳不生。

典出〔战国〕穀梁赤《春秋穀梁传·庄公三年》

年
月
日

__年

__月

__日

温故

舟车所至，人力所通，天之所覆，地之所载，日月所照，霜露所坠。

典出〔春秋至秦汉〕《礼记·中庸》

周一 周二 周三 周四 周五 周六 周日

温故

育才造士，为国之本。

典出〔唐〕权德舆《进士策问五道》

___年

___月

___日

周一 周二 周三 周四 周五 周六 周日

__年

__月

__日

温故

治政之要在于安民，安民之道在于察其疾苦。

典出〔明〕张居正《请蠲积逋以安民生疏》

温故

德莫高于爱民，行莫贱于害民。

典出〔战国至秦〕《晏子春秋·内篇·问下》

___年

___月

___日

__年

__月

__日

温故

智者求同，愚者求异。

典出〔春秋至两汉〕《黄帝内经·素问·阴阳应象大论篇》

温故

明者因时而变，知者随事而制。

典出〔西汉〕桓宽《盐铁论·忧边第十二》

___年 ___月 ___日

__年

__月

__日

温故

天地之大，黎元为先。

典出〔唐〕房玄龄《晋书·宣帝纪·制曰》

公历
12月

广
guang

寒
han

人心所归
惟道与义

温故

__年

__月

__日

温故

穷则独善其身，达则兼善天下。

典出〔战国〕孟子《孟子·尽心上》

温故

天视自我民视，天听自我民听。

典出〔上古时代〕《尚书·泰誓》

___年

___月

___日

__年

__月

__日

温故

善为国者，遇民如父母之爱子，兄之爱弟，闻其饥寒为之哀，见其劳苦为之悲。

典出〔西汉〕刘向《说苑·政理》

温故

凡治国之道，必先富民。

典出〔战国至秦汉〕《管子·治国》

年

月

日

__年

__月

__日

温故

足寒伤心，民寒伤国。

典出〔东汉〕荀悦《申鉴·政体》

温故

知屋漏者在宇下，知政失者在草野。

典出〔东汉〕王充《论衡·书解》

年
月
日

片〻鱗甲飛疑是玉龍鬥
騎驢過小橋獨嘆梅花瘦

温故

得众则得国，失众则失国。

典出〔春秋至秦汉〕《礼记·大学》

年 月 日

__年

__月

__日

温故

治国有常，而利民为本。

典出〔战国〕文子《文子·上义》

温故

富者累巨万，而贫者食糟糠。

典出〔东汉〕班固《汉书·食货志第四上》

___年

___月

___日

__年

__月

__日

温故

天下兼相爱则治，交相恶则乱。

典出〔春秋战国之际〕墨子《墨子·兼爱上》

温故

民生在勤，勤则不匮。

典出〔春秋〕左丘明《左传·宣公十二年》

___年

___月

___日

___年
___月
___日

温故

未之见而亲焉，可以往矣；久而不忘焉，可以来矣。

典出〔战国至秦汉〕《管子·形势》

温故

锄一害而众苗成，刑一恶而万民悦。

典出〔西汉〕桓宽《盐铁论·后刑第三十四》

___年

___月

___日

__年

__月

__日

温故

举直错诸枉，则民服；举枉错诸直，则民不服。

典出〔春秋战国之际〕《论语·为政》

温故

感人心者，莫先乎情。

典出〔唐〕白居易《与元九书》

___年

___月

___日

___年

___月

___日

温故

如竹苞矣，如松茂矣。

典出〔春秋〕《诗经·小雅·斯干》

温故

胡马依北风，越鸟巢南枝。

典出《古诗十九首·行行重行行》

年
月
日

__年

__月

__日

温故

草木蔓发，春山可望。

典出〔唐〕王维《山中与裴秀才迪书》

温故

接天莲叶无穷碧，映日荷花别样红。

典出〔南宋〕杨万里《晓出净慈寺送林子方》

___年

___月

___日

周一 周二 周三 周四 周五 周六 周日

___年

___月

___日

温故

悠悠天宇旷，切切故乡情。

典出〔唐〕张九龄《西江夜行》

温故

水能载舟，亦能覆舟。

典出〔战国〕荀子《荀子·王制》

__年

__月

__日

刺繡五紋添弱線
吹葭六管動飛灰
文美製梅植寫

温故

为人择官者，乱；为官择人者，治。

典出〔三国〕诸葛亮《便宜十六策·举措》

__年

__月

__日

__年

__月

__日

温故

仓廪实而知礼节，衣食足而知荣辱。

典出〔西汉〕司马迁《史记·管晏列传第二》

温故

爱人利物之谓仁。

典出〔战国〕《庄子·外篇·天地》

___年

___月

___日

周一 周二 周三 周四 周五 周六 周日

__年

__月

__日

温故

古之为政，爱人为大。

典出〔春秋至秦汉〕《礼记·哀公问》

温故

谁知盘中餐，粒粒皆辛苦。

典出〔唐〕李绅《悯农二首》

年 月 日

__年

__月

__日

温故

万物之中，以人为贵。

典出〔南朝·宋〕范晔《后汉书·左周黄列传第五十一》

温故

济大事者，必以人为本。

典出〔西晋〕陈寿《三国志·蜀书·先主传》

___年

___月

___日

周一 周二 周三 周四 周五 周六 周日

__年

__月

__日

温故

义之所在，天下赴之。

典出〔周〕姜望《六韬·文韬》

温故

为治之本，务在于安民；安民之本，在于足用。

典出〔西汉〕刘安及门客《淮南子·诠言训》

年 月 日

__年

__月

__日

温故

大道之行也，天下为公。

典出〔春秋至秦汉〕《礼记·礼运》